Traumhafte Braten über Nacht

Traumhafte Braten über Nacht

Mit der Niedertemperatur-Methode

Erhard Löffler

Inhaltsverzeichnis

Vorwort

Liebe Leserin, lieber Leser,

der Autor dieses Buches hat sich in der Grosskochindustrie über mehrere Jahre massgeblich mit der Entwicklung von innovativen Garverfahren für die Zubereitung von Fleisch und Geflügelgerichten befasst. Den wichtigsten Schwerpunkt der Entwicklungsarbeiten bildete die wissenschaftlich begleitete Einführung der „Niedertemperatur-Garung" bei Groß- und Gewerbeküchen. Mit dieser einzigartigen Methode profitieren die begeisterten Gäste von Gourmetrestaurants über die Personal Verpflegung bis hin zu hochwertigen Patientenessen in Kliniken und Seniorenheimen: Vom butterzarten Rinderbraten über knusprige Schweinshaxen bis hin zum rosa Roastbeef oder Rumpsteak gibt es echte Gaumenfreuden im Hinblick auf **unübertroffene Zartheit und Saftigkeit.**

Ihr Nutzen als Hobbykoch/– Köchin und Leser dieses Buches besteht aus einigen wichtigen Erkenntnissen aus der Profi-Küche und deren praktische Anwendungen im Privathaushalt.

Sie erfahren in leicht verständlicher Form:

- die genauen Zusammenhänge zwischen Garraumtemperatur, Kerntemperatur-Verlauf, Garzeit und Qualität des verzehrfertigen Bratenstücks
- die grundlegende Bedeutung der alles entscheidenden so genannten „Schnell-Reifung."

Weiterhin zeigt Ihnen dieses Buch:

- wie Sie in der so genannten „Haltephase" **mit besten Ergebnissen über Nacht** garen können
- wie Sie unterschiedliche Produkte in einer gemeinsamen „Misch-Beschickung" butterzart garen
- wie Sie über Nacht einen leckeren Tafelspitz besonders zart bei 85°C „köcheln"
- wie Sie mit einem einfachen Trick unerreicht krosse blasige Schwartenkrusten auf Schweinehaxen und Krustenbraten „hinzaubern"
- wie Sie mit niedrigen Temperaturen hygienisch sicher garen
- wie Sie mit Niedertemperatur gegarte Fleisch- und Geflügelgerichte für mehrere Tage oder länger vorproduzieren können.
- warum Ihr Backofen bei all dem sauber bleibt.

Der Autor verzichtet bewusst auf eine umfangreiche Rezeptesammlung für komplette Gerichte inklusive Gemüse und Beilagen sowie exotische Spezialitäten. Er konzentriert sich vielmehr darauf, wie Sie mit einem **minimalen Lernaufwand** Fleisch-und Geflügelzubereitungen in der Qualität von Gourmet-Restaurants ohne „Überwachungsstress" mit Ihrem Backofen produzieren können.

Mit diesen praxis-orientierten Kenntnissen werden Sie in kürzester Zeit Ihre Familie und Freunde mit Fleisch- und Geflügelgerichten in ungeahnter Spitzenqualität überraschen. Großes Lob und Anerkennung sind Ihnen sicher.

... und nun viel Spaß bei der Lektüre dieses Buches.

Am Anfang war die „Kochkiste"

Liebe Leserin, lieber Leser,

zunächst möchte ich mich kurz vorstellen und Ihnen erklären, warum ich dieses Büchlein für Sie geschrieben habe:
Mein Name ist Erhard Löffler und von Beruf bin ich Dipl.-Ing (FH) des Maschinenbaus, bin also – wie Sie richtig vermuten – kein Koch. Meine Verbindung zur weiten Welt der Profi-Köche besteht seit gut 25 Jahren, in denen ich so genannte „Kombi-Dämpfer" (auch „Heißluftdämpfer" genannt) im In- und Ausland in Groß- und Gewerbeküchen eingeführt habe.

Doch bevor ich mit Ihnen in die aktuelle fachliche Materie einsteige, möchte ich kurz schildern, warum ich mich so gern an die herrlich zarten Sonntagsbraten meiner Großmutter erinnere.

Meine Familie und ich lebten seit dem Kriegsende im schwer zerstörten Berlin. Ebenso meine verwitwete Großmutter. Wenn meine Eltern hin und wieder das Glück hatten, per Tauschhandel (auf dem sog. Schwarzmarkt) ein größeres Stück Rindfleisch „organisiert" zu haben, dann kam Großmutter mit Ihrer – teilweise geheimnisvollen – Bratkunst zum Zuge:

Der Braten wurde im schweren gusseisernen Bratentopf auf der Gasflamme des altmodisch gemauerten, auch mit Holz zu beheizenden Küchenherdes angebraten und nach kurzer Zeit mit einer bestimmten Menge Brühwürfelbrühe zischend „abgelöscht". Dann kam noch etwas Suppengrün dazu, bevor das Ganze abgedeckelt auf großer Flamme (wenn es noch genügend Gasdruck gab) für ca. 30 bis 40 Minuten „vorgekocht" wurde. Unmittelbar darauf nahm Großmutter den heißen Bratentopf vom Herd und versenkte ihn vorsichtig in der dick und weich gepolsterten „Kochkiste", die gleich neben dem Herd auf dem Boden stand. Mit einem ebenso weich gepolsterten Deckel wurde die Kochkiste sofort dicht verschlossen. Diese Handlungen fanden – wenn die Gasversorgung nicht per „Sperrstunde" wieder einmal unterbrochen war – meist am Samstag in den Abendstunden statt.

Wir Kinder hatten uns an das strickte Gebot zu halten, auf keinen Fall die wundersame Kochkiste zu öffnen, denn dies durfte nur Großmutter am Sonntag Vormittag so gegen 11 Uhr 30. Der Bratentopf samt Inhalt war dann immer noch gut handwarm. Jetzt durfte Vater den Braten vorsichtig aus dem Topf nehmen und auf ein Schneidbrett legen, denn nur er konnte die „genausten" (= 10 mm dicken) Scheiben schneiden. Mit welchen Zutaten und Tricks Großmutter die herrlich schmackhafte Bratensoße zubereitet hatte, weiß ich heute nicht mehr. Die Bratenscheiben waren kaum zerfasert und durch und durch butterzart und saftig. In der fertig gekochten heißen Sauce liegend kamen Sie auf den sonntäglichen Mittagstisch.

Von der Kochkiste zur vollautomatischen Niedertemperatur-Garung

In meinen ersten Ehejahren habe ich mich oft gewundert, warum es so schwierig war, in unserem modernen elektrischen Backofen bzw. auch im Schmortopf innerhalb von 2-3 Stunden einen vergleichbar zarten Rinderbraten herzustellen. Der Schmorbraten zerfaserte in den Randzonen, während der im Backofen hergestellte Rinderbraten meistens schwer zu schneiden und zu kauen war.

Erst im Laufe meiner späteren Berufsjahre in der Großkochindustrie ist irgendwann meine Erinnerung an die wundersame Kochkiste meiner Großmutter wieder lebendig geworden:

Das Phänomen des butterzarten Rinderbratens musste sich in den langen Nachtstunden in der Kochkiste abgespielt haben und zwar ohne zusätzliche Wärmezufuhr bei ganz langsam absinkenden Temperaturen unter 100°C...

Meine nahe liegende Überlegung lautete:

Warum sollte es nicht möglich sein, die thermischen Funktionen der großmütterlichen Bratenzubereitung in einem modernen computergesteuerten Kombidämpfer nach zu empfinden? „Mit viel Zeit und wenig Temperatur butterzarte Rinderbraten herzustellen"?

In den Jahren 1999 bis 2003 habe ich mich dann intensiv mit der Weiterentwicklung der seit Jahren bekannten amerikanischen Methode der Niedertemperatur-Fleischgarung

(u. a. auch „Cook & Hold" Verfahren genannt) befasst, um sie für die Umsetzung in sog. Kombi-Dämpfern zu adaptieren.

Bei den damit verbundenen umfangreichen und wissenschaftlich begleiteten Garversuchen stellte sich heraus, dass sich praktisch alle Fleischarten inklusive Wild und Geflügel mit Hilfe der Niedertemperatur-Garung (im folgenden **„NT-Garung"** genannt) mit hervorragenden Ergebnissen zubereiten ließen: Hervorragend im Hinblick auf einzigartige Zartheit und Saftigkeit sowie gleichmäßige Konsistenz von Rand zu Rand (z. B. eines Rinderbratens) auch im „durch"-gegarten Zustand.

Als begeisterter Privatanwender der NT-Garung habe ich einige Bücher zu dieser Methode gelesen und in vielen Foren festgestellt, dass ein erheblicher Informationsbedarf zu den verschiedensten Aspekten der NT-Garung besteht. Unter anderem werden folgende Themen häufig angesprochen und oft kontrovers diskutiert:

- optimale Garzeiten für die verschiedensten Fleischprodukte im Bereich von 80°C
- Auswahl und Kontrolle von niedrigen Temperaturen im Backofen
- hygienische Sicherheit
- die richtige Kerntemperatur für optimale Zartheit auch bei durchgegarten Produkten
- die wenig bekannte Bedeutung der Fleischreifung während der NT-Garung
- mögliche Ursachen für mittelmäßige Garergebnisse

...uvm.

Da ich in die mehrjährige Entwicklungsarbeit für den NT-Bereich der Profiküchen umfassend eingebunden war, werde ich Ihnen, liebe Leserinnen und Leser, mit diesem Büchlein helfen, die „kochologischen" Grundlagen der NT-Garung besser zu verstehen und erfolgreich umzusetzen.

Ergänzend werde ich Ihnen praktische Anwendungshinweise aus der Erfahrung im Grossküchenbereich geben, mit denen Sie noch größeren Nutzen aus der NT-Garung daheim ziehen können, d. h. **mit deutlich geringerem Zeit- und Arbeitsaufwand Top Ergebnisse erzielen.**

Um den Umfang dieses Büchleins nicht unnötig aufzublähen, habe ich auf schön dekorierte Food-Fotos verzichtet und lieber ungeschönte Praxis-Fotos der verschiedenen Tests mit Fleischprodukten eingebunden.

Für diejenigen unter Ihnen, die etwas mehr vom hilfreichen Erfahrungswissen aus der Praxis der Profiküchen erfahren wollen, habe ich verschiedene Textabschnitte dieses Büchleins mit „Info" gekennzeichnet. (Falls Sie es eilig haben, können Sie die Infoabschnitte zunächst überspringen.)

Info: Kombi-Dämpfer

Kombi-Dämpfer sind – vereinfacht gesprochen – große Edelstahl-Backöfen, in denen nicht nur in zirkulierender Heißluft gebacken und gebraten, sondern auch mit Dampf gegart werden kann. Außerdem können Heißluft und Dampf mit einander „kombiniert" zum Backen und Braten sowie zum Wiedererwärmen (sog. „Regenerieren") eingesetzt werden. Seit Jahren sind diese Geräte mit immer intelligenteren elektronischen Steuerungen ausgestattet worden, so dass mehr als 80% aller thermischen Garprozesse einer Profi-Küche im Kombi-Dämpfer mit besten Ergebnissen – häufig vollautomatisch – durchgeführt werden können.
In industrialisierten Ländern ist die Mehrzahl aller Groß- und Gewerbeküchen mit diesen Alleskönnern ausgerüstet, vom kleinen Restaurant über Gourmet-Tempel bis hin zur Personalverpflegung in großen Industriebetrieben. Selbst in der hochwertigen Patientenverpflegung von Krankenhäusern und Seniorenheimen kann auf die intelligenten Kombi-Dämpfer nicht mehr verzichtet werden. ...Und wenn Sie sich einmal mit einem der neuen Kreuzfahrtschiffe die Welt anschauen wollen, dann werden Ihre Gaumenfreuden mit größter Wahrscheinlichkeit im „Kombi" perfekt zubereitet werden.

Eine weitere Zielsetzung der Weiterentwicklung war die Verlegung der vollautomatischen NT-Garung in die Nachtstunden, in denen der Kombi-Dämpfer meistens ungenutzt herum steht. Dieses Ziel war bald erreicht und brachte ein riesiges Nutzenpaket mit sich:

Mit der Verlegung aller Braten und Schmorgerichte in die unbeaufsichtigten Nachtstunden war der bisher übliche gesamte Stress der Bratenproduktion in den Vormittagsstunden Vergangenheit. Alle Braten und Schmorgerichte waren in vollendeter Qualität bereits zu Dienstbeginn fertig. Der Kombi-Dämpfer stand schon am frühen Morgen uneingeschränkt und sauber für die Produktion von Gemüse und sonstigen Beilagen sowie für Backaufgaben usw. zur Verfügung…

Aus den ersten Versuchen mit der NT-Garung war – wie internationale Küchenfachleute bewundernd bestätigen – **der bedeutendste Fortschritt der letzten 20 Jahre in der thermischen Speisenzubereitung** entstanden.

Doch nun zu den Sachthemen.

Thema Nummer 1

Wenig Temperatur + viel Zeit = Spitzenergebnis

Die „Schnellreifung" macht's möglich:

Wie Sie vielleicht schon aus anderen Büchern wissen, soll der eigentlichen NT-Garung eine kurze heiße „Anbratphase" vorausgehen, um die sog. Poren der Fleischoberflächen zu schließen und gewisse Röstaromen zu bilden. (Weitere Einzelheiten zum Anbraten folgen später).

Außerdem werden eventuell auf der Oberfläche vorhandene Keime abgetötet. Nach der Anbratphase wird der Braten (z. B. der Rinderbraten) in Ihrem Backofen bei niedriger Temperatur (z. B. bei 80°C) in die so genannte „Reifephase" gegeben. Während dieser Reifephase findet im Bereich der Kerntemperatur bis ca. 60°C die so genannte „Schnellreifung" statt:

In der Reifephase wird unter anderem durch hochaktive Enzymprozesse pro Stunde „Schnellreifung" ein Reifestand von ca. ein bis zwei Tagen Fleischreifung durch „Abhängen" im Kühlhaus erreicht. Daraus folgt, dass Ihr Rinderbraten innerhalb von z. B. 7 Stunden „Schnellreifung" eine Zartheit erreicht hat, die ca. zwei Wochen Kühlhaus-Reifung entspricht. Sobald sich die Kerntemperatur weiter bis auf ca. 70°C erhöht, verwandelt sich das Collagen des festen Bindegewebes in Gelatine, wodurch (gerade bindegewebsreiches) Fleisch besonders auch im durchgebratenen Zustand mürbe wird, ohne dass die Randzonen der Bratenstücke austrocknen und beim Aufschneiden zerfasern. Dabei bleibt die Flüssigkeit weitgehend im Gewebe gebunden.

Dieses Phänomen bedeutet in der Praxis, dass auch wenig abgehangenes (preisgünstiges) Fleisch zart wird und saftig bleibt, wenn genügend Zeit vorhanden ist. Bei größeren Bratenstücken bietet sich daher häufig die NT-Garung über Nacht an.

Wir können ohne Übertreibung feststellen:
Das Phänomen der Schnellreifung ist der eigentliche Kern des Erfolges aller Anwendungen der NT-Garung.

Thema Nummer 2

Die „Haltephase“ schafft zusätzliche Entspannung in Ihrer Küche

Nachdem Ihr Rinderbraten die Ziel-Kerntemperatur von z. B. 72°C (= „durch“ gebraten) erreicht hat, beginnt die sog. „Haltephase“, in der der Braten noch längere Zeit ohne merkliche Feuchtigkeitsverluste bei 80°C warm gehalten werden kann, je nach Bratengewicht ca.1 bis 5 Stunden (bei 1 bis 2,5 kg). Bei noch längeren Haltezeiten empfiehlt es sich jedoch, die Garraumtemperatur auf ca. 70°C zu senken, um noch eine gewisse Nachreifung zu erreichen. Mit dieser zeitlichen Flexibilität können Sie sich ohne Stress auf Ihre sonstigen Vorbereitungen in der Küche konzentrieren.

Info: Das NT-Diagramm

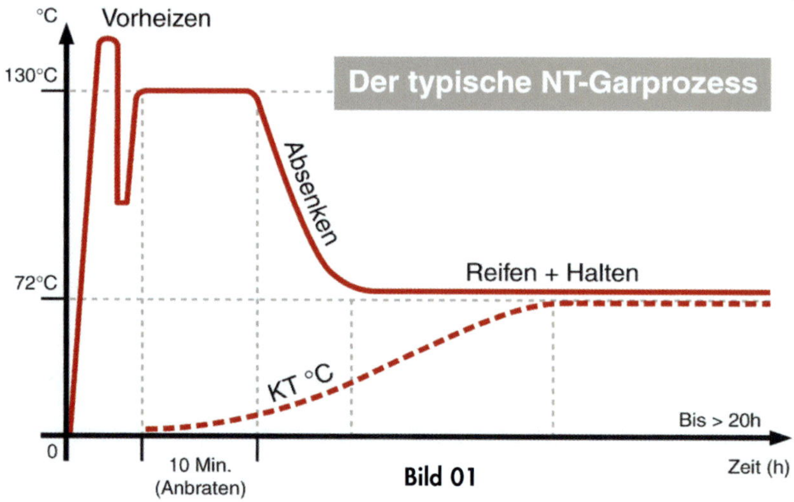

Bild 01

Die verschiedenen thermischen Vorgänge der NT-Garung lassen sich sehr einfach in einer graphischen Darstellung verständlich machen.

Das abgebildete Diagramm (Bild 01) zeigt die typischen elektronisch geregelten Verläufe der Garraumtemperatur (obere Kurve) und dem dazugehörigen Verlauf der Kerntemperatur (untere gestrichelte Kurve), wie sie im Kombidämpfer der Profiküche Gültigkeit haben. Hierbei ist es wichtig zu wissen, dass die meisten Profiküchen den Prozess-Schritt des Anbratens nicht außerhalb des Kombidämpfers durchführen. Er ist vielmehr Teil des vollautomatischen Garprozeßablaufs der NT-Garung im Garraum des Kombidämpfers.

Die Phasen der oberen Kurve (Garraumtemperatur):

- Vorheizen auf ca. 150°C
- Tür öffnen zur Beladung (Garraumtemperatur fällt schlagartig)
- Anbratphase: vorgeheizten Garraum mit den rohen Bratenstücken beladen, aufheizen auf 130°C und für 10 min auf 130° halten. Hierbei geht es primär um die Abtötung von eventuell auf den Fleischoberflächen der Bratenstücke vorhandenen Keimen
- Absenkphase: Garraum forciert herunter kühlen auf ca. 80°C (= entspricht dem Öffnen der Ofentür Ihres Backofens)
- Reifephase: daran anschließend beginnt die Reifephase mit der entscheidenden Schnellreifung. In dieser Phase soll die Kerntemperatur (gestrichelte Kurve) unterhalb der 60°C-Grenze so langsam (!) wie möglich steigen, um das Fleisch ganz besonders zart werden zu lassen.
- Haltephase: Sobald die Zielkerntemperatur (z. B. 72°C) erreicht ist, beginnt die Haltephase. Während der Haltephase reduziert der Kombidämpfer die Garraumtemperatur automatisch von ca. 80°C auf ca. 72°C. Größere Bratenstücke können dann u. U. bis zu mehr als 20 h ohne größere Feuchtigkeitsverluste warm gehalten werden.

Übertragen auf Ihren Backofen bedeutet dies, dass Sie möglichst ein elektronisches Bratenthermometer verwenden sollten, welches Ihnen das Erreichen der Zielkerntemperatur akustisch signalisiert, damit Sie die Garraumtemperatur manuell auf ca. 72°C herunter setzen können, wenn sie dies wollen. Unbedingt notwendig ist diese Reduzierung jedoch nicht, da die Haltephase auch bei 80°C Garraumtemperatur bis zum Morgen ohne Nachteile weiterlaufen kann.

Thema Nummer 3
Die hygienische Sicherheit

Wie schon eingangs erwähnt wurden die Entwicklungsarbeiten und Garversuche zur NT-Garung wissenschaftlich begleitet, u. a. in hygienischer Hinsicht. Als Leitgröße für eine hygienisch sichere Kerntemperatur wurde die Temperatur gewählt, bei der auch Salmonellen im Geflügel sicher abgetötet werden, nämlich bei 72°C.

Hierzu schreibt Universitätsprofessor Dr. A. Stolle, (einer der führenden Hygienespezialisten Europas für Lebensmittel tierischen Ursprungs, Tierärztliche Fakultät der Ludwig-Maximilians-Universität München) in seiner „Stellungnahme zur hygienischen Sicherheit von Niedertemperatur-Garverfahren": „Bei allen Bratenstücken und Fleischzubereitungen sowie Geflügel ist die Einhaltung einer Kerntemperatur von +72°C zu gewährleisten."

In umfangreichen Testreihen zur NT-Garung mit einer Zielkerntemperatur von 72°C haben wir folgendes interessantes Phänomen entdeckt:

Alle in europäischen Küchen bekannten Fleisch- und Geflügelsorten sind bei einer Kerntemperatur von 72°C nicht nur hygienisch sicher „durch"-gegart, sondern auch besonders zart und saftig. Vielfach so zart und saftig wie ein sehr gut abgehangenes Rinderfiletsteak „Medium" in der Pfanne gebraten.

Das bedeutet für Sie, liebe Leserin und lieber Leser, dass Sie alle zu bratenden Fleisch- und Geflügelzubereitungen bedenkenlos in die „72°" NT-Garung geben können: vom Rinderbraten, über Lammkeule, Krustenbraten, Rinderrouladen, Gulasch usw. bis hin zu Ente, Gans und Pute.

Es gibt nur wenige Ausnahmen, bei denen von der 72°C Zielkerntemperatur abgewichen werden kann bzw. muss: Roastbeef erhält seine rosa Farbe bei einer Zielkerntemperatur im Bereich von 54°C bis maximal 60°C. Die Garraumtemperatur für die NT-Garung sollte entsprechend im Bereich von 60-65°C eingestellt werden, damit auch in einer mehrstündigen Haltephase die rosa Farbe erhalten bleibt.

In der Profi-Praxis hat sich herausgestellt, dass der magere Schweinerücken bei einer Zielkerntemperatur von ca. 65°C zarter wird als bei 72°C. Die Garraumtemperatur wird entsprechend auf 75°C eingestellt.

Diese Unterschreitung der hygienisch sicheren Kerntemperatur nehmen viele Profi-Anwender in eigener Verantwortung in Kauf, wobei Sie sich auf die Tatsache stützen, dass „gewachsenes" rohes Fleisch unterhalb seiner Oberfläche im Kern steril ist.

Bei Wildgerichten kann es laut Prof. Dr. Stolle vorkommen, dass das rohe Wildfleisch insbesondere nach Bauchschuss eine erhöhte Keimbelastung aufweist. Daher sollte Wildfleisch am Ende der 72°C-Garung bis auf eine Kerntemperatur von 85°C für 10 min nacherhitzt werden. Dazu erhöhen Sie die Garraumtemperatur bitte auf 140°C.

Eine weitere, jedoch äußerst selten eintretende Ausnahmesituation, bei der Hygienemaßnahmen getroffen werden müssen, ist der nächtliche Stromausfall: wenn Sie zum Beispiel am Morgen nach einer Nachtgarung feststellen, dass Ihr Backofen kalt ist oder dass die Kerntemperatur Ihres Bratens in warmen Ofen weit weniger als 72°C (z. B. 40°C) beträgt, dann ist folgendes aus hygienischer Sicht zu tun: Der Braten wird mit hoher Garraumtemperatur (zum Beispiel 160°C) bis auf 80°C Kerntemperatur durchgebraten und ist dann für den Verzehr geeignet.

Für den Fall, dass Ihre Nachtgarung Produkte aus Hackfleisch wie zum Beispiel gefüllte Paprika enthält, dann sind diese zu entsorgen. Dasselbe gilt auch für Fleischkäse, denn das maschinell hergestellte rohe Brät ist wie das Hackfleisch bei Kerntemperaturen unterhalb von 70°C eine Brutstätte für schädliche Keime.

Thema Nummer 4

Technische Anforderungen an Ihren Backofen

Grundsätzlich sind so gut wie alle elektrisch beheizten Haushaltsbacköfen für die NT-Garung geeignet. (Gas beheizte Backöfen sind wegen der meist ungenauen Regelung von niedrigen Temperaturen weniger geeignet). Ihr Backofen sollte mit Ober- und Unterhitze braten und backen sowie mit Heißluft arbeiten können. Die NT-Garung wird bis auf wenige Ausnahmen nur mit Ober-und Unterhitze (= „stille Wärme") durchgeführt. Für große und schwere Bratenstücke, die nicht separat auf dem Herd angebraten werden können (z. B. ganze Ente, Gans, Pute) wird die Anbratphase in Ihrem Backofen mit Heißluft durchgeführt. Dasselbe gilt für Bratenstücke, die nach der NT-Garung noch besonders gebräunt werden sollen. (Siehe auch Test Nummer 1, S. 48)

Da die meisten Haushaltsbacköfen im Temperaturbereich unter 100°C häufig ungenau regeln, sollten Sie die Regelgenauigkeit Ihres Backofens wie folgt überprüfen:

- Heizen Sie Ihren Backofen mit einer eingestellten Temperatur von 80°C (Ober- u. Unterhitze) für 15 Minuten vor, stellen dann einen offenen Topf mit ca. 1 lit. kalten Wassers auf den mittleren Rost.
- Legen Sie ein handelsübliches einfaches Bratenthermometer (mit runder Analog-Skala, im Supermarkt erhältlich) so auf den Rost, dass Sie den Temperaturzeiger durch die Glasscheibe der geschlossenen Ofentür sehen können.

Falls die Beleuchtung Ihres Garraums für eine sichere Temperaturablesung nicht ausreicht, empfehle ich die Verwendung eines digitalen Bratenthermometers mit flexibler Messleitung, die ein bequemes Ablesen der Digitalanzeige außerhalb des Backofens ermöglicht. (Bild 02)

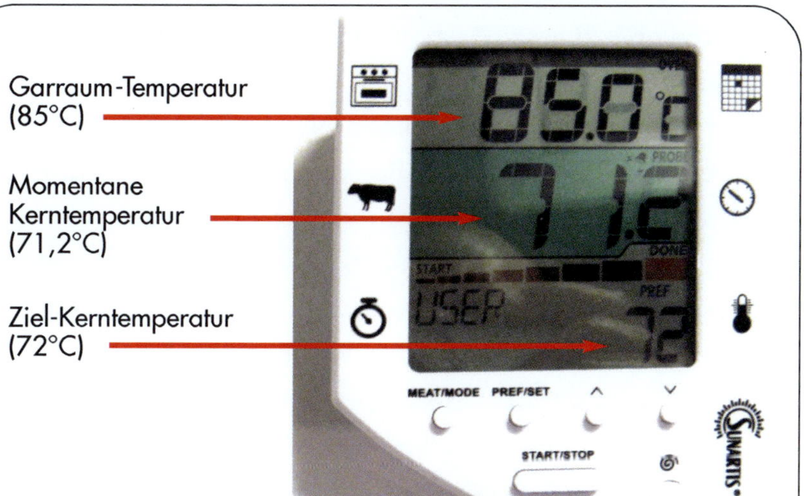

Bild 02

- Schließen Sie die Ofentür und lesen Sie die angezeigte Temperatur etwa alle 15 Minuten ab. Sollte die angezeigte Temperatur mehr als 5°C nach oben oder unten permanent von der „Soll-Temperatur" (80°C) abweichen, dann korigieren Sie Ihre Temperatureinstellung in 5°-Schritten nach oben oder unten und lesen Sie die angezeigte Temperatur jeweils nach ca. 10 Minuten erneut ab. Auf diese Weise werden Sie die „richtige" (= korrigierte) Temperatureinstellung für die NT-Garung ermitteln, mit der Sie dann arbeiten können.

Wichtig:

Noch ein paar Worte zum Bratenthermometer: Falls Ihr Backofen mit einem integrierten digitalen Bratenthermometer ausgestattet sein sollte, können Sie die Kerntemperaturmessung für die NT-Garung nur dann verwenden, wenn sichergestellt ist, dass das Thermometer bei Erreichen der Zielkerntemperatur (z. B. 72°C) Ihren Backofen nicht ausschaltet.

Nachdem ich mich bei meinen NT-Garversuchen in unserem häuslichen Siemens-Backofen wiederholt über die schlechte Ablesbarkeit der runden Analoganzeige der billigen Bratenthermometer geärgert hatte, habe ich mehrere recht unterschiedliche digitale Bratenthermometer getestet. Diese bieten unter anderem den Vorteil eines akustischen Signals, sobald die Zielkerntemperatur erreicht ist. So können Sie nicht versäumen, für längere Haltezeiten die Garraumtemperatur etwas abzusenken.

Thema Nummer 5

Das richtige Kochgeschirr

Im Hinblick auf die relativ niedrigen Temperaturen im Garraum steht Ihnen für die NT-Garung eine bunte Palette von Kochgeschirr zur Verfügung:

Angefangen vom gusseisernen Bräter über Edelstahlbehälter und Kochtöpfe bis hin zu ofenfesten Auflaufformen aus hitzebeständigem Glas ist alles verwendbar. Falls Sie jedoch die Anbratphase im Backofen vornehmen oder mit noch höheren Temperaturen Ihr Bratgut nachbräunen (z. B. Krustenbraten), dann dürfen die Behälter keine Kunststoffgriffe haben, da diese bei Temperaturen von mehr als 100°C beschädigt werden könnten.

Thema Nummer 6

Erste Praxis Tipps

Die nachfolgenden Tipps basieren auf Beobachtungen und Erfahrungen, die zum Teil grundsätzliche Regeln zur Durchführung der NT-Garung geworden sind und Ihnen helfen werden, schnell und sicher zum ersten Garerfolgen zu kommen:

Das richtige Würzen:
Grundsätzlich können Sie bei fast allen Fleisch und Geflügelzubereitungen Ihre persönlichen Würzgewohnheiten beibehalten.

Nach neueren Erkenntnissen ist die Verwendung von Salz nicht nachteilig, soweit dies kurz vor dem Anbraten geschieht. Auf die sehr wenigen Ausnahmen gehe ich später ein. (Siehe auch Test Nummer 1, S. 48)

NT-Garung ohne Abdeckung:
Die NT-Garung wird – wie schon erwähnt – mit Ober- und Unterhitze durchgeführt, um unnötige Austrocknung durch eine Umluftströmung während der relativ langen Garzeiten zu vermeiden. Die Bratenstücke werden grundsätzlich nicht abgedeckt.

Angießen bei Bedarf:
Da sich während der NT-Garung allgemein sehr wenig hoch konzentrierter Bratensaft bildet und dieser sich häufig als angebackene Kruste darstellt, kann ein Angießen zu Beginn der NT-Garung sinnvoll sein. Je nach Bratengröße verhindern ein bis zwei Tassen Gemüsebrühe (oder nur Wasser) häufig das Antrocknen des Bratensafts.

Bei typischen Schmor- und Schöpfgerichten wie zum Beispiel Gulasch gebe ich hierzu besondere Hinweise.

Begießen während der NT-Garung grundsätzlich nicht erforderlich:
Bei den niedrigen Garraum-Temperaturen würde ein Begießen der Bratenoberfläche keinen Nutzen bringen.
Im Gegenteil: Das wiederholte Öffnen des Garraums würde unnötige Wärmeverluste zur Folge haben und außerdem überflüssige Überwachungsarbeit für Sie bedeuten.

Überwachung der Kerntemperatur:
Machen Sie sich die Verwendung eines Bratenthermometers zur festen Gewohnheit. Wie schon erwähnt soll die Temperaturanzeige des Bratenthermometers bei geschlossener Ofentür sicher ablesbar sein.

Ich bevorzuge daher ein digitales Bratenthermometer, bei dem die Einstechspitze über eine dünne hitzebeständige Messleitung (die durch die geschlossene Ofentür nach außen geführt wird) mit der eigentlichen Messelektronik/Digital-Anzeige verbunden ist.

Da mich parallel zur Kerntemperatur auch die jeweilige Garraumtemperatur interessiert, verwende ich ein digitales Gerät, dessen spezielle Messnadel mit zwei Temperatursensoren ausgestattet ist. Mit dem Sensor in der Spitze wird die Kerntemperatur gemessen während über einen zweiten Sensor am Ende der Nadel die Garraum-Temperatur gemessen wird.

Diese Methode hat unter anderem den Vorteil, dass der äußere Sensor die Garraum-Temperatur in unmittelbarer Nähe der Oberfläche Ihres Bratens misst. Beide Messwerte werden über nur eine flexible Messleitung nach außen zum eigentlichen Kombigerät geleitet, wo sie sicher abgelesen werden können.

Wenn die vorwählbare Zielkerntemperatur (z. B. 72°C) erreicht ist, meldet sich das Gerät mit einem akustischen Alarm. (Bild 02, S. 27)

Ich habe das Gerät bei Amazon erstanden.

Die Messnadel des Kerntemperatur-Messgerätes soll mit Ihrer Spitze möglichst in oder nahe der Mitte der dicksten Stelle Ihres Bratens positioniert werden. Achten Sie bitte darauf, dass die Spitze nicht auf einen Knochen stößt, um Fehlmessungen zu vermeiden.

Für mehr als eine Mahlzeit produzieren:
Aufgrund der hohen Qualität Ihres NT-gegarten Bratens (zum Beispiel Rinderbraten) eignet sich dieser sehr gut zur Kühllagerung sowie auch zur Tiefkühllagerung. Es lohnt sich

durchaus, Ihren NT-Braten für 2-3 Mahlzeiten zu bemessen. Das entsprechend große Bratenstück produziert in der länger dauernden NT-Garung mehr an hoch konzentriertem Bratensaft, der wichtigen Grundlage für Ihre schmackhafte Sauce. (Siehe auch Thema Nummer 9)

Ihr einzulagernder Braten sollte in Scheiben geschnitten und in der Sauce liegend verpackt werden. Sie werden erfreut feststellen, dass auch der wieder erwärmte Braten seine hohe Qualität beibehalten hat.

Auf jeden Fall sollten Sie mit den hygienischen Anforderungen der Kühllagerung/Tiefkühllagerung (gegebenenfalls auch mit der Technik des Vakuumierens) hinreichend vertraut sein.

Ein paar Worte zur Fleischqualität und Vorbereitung der Rohware:

Sofern Sie genügend Zeit haben, Ihrem Braten nach Erreichen der Zielkerntemperatur von z. B. 72°C noch eine längere Haltezeit zu gestatten, können Sie durchaus einmal einen Versuch mit preisgünstigerem, wenig abgehangenem Rindfleisch machen, z. B. mit dem so genannten „Falschen Filet" aus der Rinderschulter. Sie werden feststellen, dass in der NT-Garung über Nacht auch die typische große Sehne des Falschen Filets weich wird.

Sofern Sie genügend Zeit zur Verfügung haben, ist es angebracht, das rohe (gut abgespülte und trocken getupfte) Bratenstück ein paar Stunden vor der NT-Garung aus dem Kühlschrank zu nehmen und abgedeckt bei Raumtemperatur zu lagern. Falls Sie wenig abgehangenes Fleisch länger (ggf. bis zu 3 Tagen) vorreifen lassen wollen, dann ist es erforderlich, die rohe Fleischoberfläche durch Verwendung einer säurehaltigen Marinade oder Würzpaste (ggf. auf Senfbasis) zu schützen.

Hinweis:

Entsprechende Rezepturen finden Sie u. a. im Internet bei www.Chefkoch.de und anderen Quellen.

Thema Nummer 7
Die Misch-Beschickung

Ausgehend von der Erfahrungstatsache, dass alle Fleischzubereitungen in der NT-Garung bei 72° Ziel-Kerntemperatur sicher durchgegart und besonders zart und saftig sind, hat sich in vielen Profiküchen die Anwendung der Misch-Beschickung durchgesetzt. Bratenstücke unterschiedlicher Fleischsorten und ebenso unterschiedlicher Stückgewichte (sog. Kalibrierungen), die bei früher gewohnten hohen Temperaturen im Garraum individuell angepasste unterschiedliche Garzeiten benötigten, sind am Morgen nach der Übernacht-NT-Garung fertig zum Verzehr, sofern sie keine Nachbräunung benötigen wie zum Beispiel der bayerische Krustenbraten. (Test Nr. 1, S. 48)

In Ihrem Haushaltsbackofen können Sie die Mischbeschickung in gewissem Umfang ebenfalls anwenden:

Zu Ihrem Rinderbraten können Sie im Garraum z. B einen Krustenbraten, sechs Rindsrouladen, einen Putenrollbraten und vier Gänsekeulen auf mehreren Ebenen unterbringen. Wichtig ist dabei, dass jedes Produkt auf einem eigenen Untersatz (ggf. auch Teller) ruht, damit jeder Braten seinen produkttypischen hoch konzentrierten Bratensaft entstehen lassen kann. Wegen der geringen Temperatur im Garraum und der langen Garzeit verteilt sich die „Stille Wärme" (Ober-und Unterhitze) hinreichend gleichmäßig auf allen Ebenen.

Die Nadel Ihres Bratenthermometers positionieren Sie im dicksten Bratenstück, da dieses die längste Zeit benötigt, um die Kerntemperatur bis auf das Ziel von 72°C ansteigen zu lassen. Somit ist sichergestellt, dass alle kleineren Bratenstücke garantiert die 72°C bereits vor dem dicksten Bratenstück erreicht haben. Wegen der geringen Garraumtemperatur können sie jedoch nicht übergaren.

Wegen der vollen Beladung des Garraums steigt die jeweilige Kerntemperatur sehr langsam an, was sich besonders positiv im Hinblick auf eine lange Reifephase im Temperaturbereich der Schnellreifung auswirkt. Daher sollte die **Misch Beschickung über Nacht gegart** werden.

Thema Nummer 8

Auch das bringt Spitzenergebnisse: „NT-Kochen"

Viele von Ihnen wissen wahrscheinlich aus eigener Erfahrung, wie zeitaufwändig und nervig das Kochen eines Tafelspitz sein kann: Aufgrund seiner unregelmäßigen Faserstrukturen und quasi „birnenförmigen" Außenkontur benötigt er mehrere Stunden im Kochtopf unter „Sonderbedingungen" auf dem Herd: Er darf während dieser Zeit nicht zum Sieden kommen, sondern muss knapp unterhalb der Siede-Temperatur „gehalten" werden. Das erfordert ständige Überwachung und Zeit, die man normalerweise nicht hat. Trotz aller Sorgfalt kann es dennoch passieren, dass das „dicke Ende" Ihres Tafelspitz noch zäh ist, während das „dünne Ende" schon bald zu zerfallen beginnt.

Was liegt also näher, als den Tafelspitz samt Brühe im Kochtopf kurz anzukochen und anschließend im Backofen zugedeckt die ganze Nacht in der NT-Garung herrlich zart werden zu lassen. In den langen Nachtstunden verwandelt sich die zum Ansatz gebrachte Brühe in eine herrliche Bouillon. Dies gilt nicht nur für den Tafelspitz, sondern genauso für NT-gekochte Ochsenbrust etc.

In einem sehr interessanten Test hatte ich einen Tafelspitz halbiert und in einer Misch Beschickung über Nacht im Backofen gegart: Die eine Hälfte wurde angebraten und ohne Abdeckung NT-gegart, während die andere Hälfte parallel im geschlossenen Kochtopf „NT-gekocht" wurde. Beide End-Ergebnisse zeichneten sich durch besondere Zartheit und optimalen Geschmack aus.

(Siehe Test Nr. 3 mit der ausführlichen Beschreibung, S. 55)

Thema Nummer 9
Schmackhafte Saucen

Da in der NT-Garung aufgrund der sehr schonenden Wärmezufuhr nur sehr wenig Bratensaft entsteht, weil dieser im Fleisch verbleibt und wesentlich zur besonderen Zartheit und Saftigkeit des Bratens beiträgt, gibt es bei der Saucenherstellung ein paar Dinge zu beachten:

Sie können die geringe Bratensaftmenge etwas vergrößern, indem Sie Ihrem Bratenstück gleich zu Beginn der NT-Garung 100-200 ml Gemüsebrühe zugeben. Die Flüssigkeit wird während der NT-Garung durch den hoch konzentrierten Bratensaft zu einer guten Grundlage für eine schmackhafte Sauce mit produkttypischem Geschmack.

Um auf eine hinreichende Saucenmenge zu kommen, empfiehlt es sich, einen guten (z. B.) Rinder-Fond aus dem Supermarkt zu verwenden.

(Wie schon früher erwähnt gewinnen Sie mit steigender Größe Ihres Bratenstücks entsprechend mehr an hoch konzentriertem Bratensaft, der sich günstig auf den Geschmack Ihrer Sauce auswirkt).

Anmerkung:
Ausgehend von der Annahme, dass Sie wissen wie man gute Saucen zubereitet, werde ich mich in den nachfolgenden Beschreibungen von Fall zu Fall auf ergänzende Hinweise beschränken.

Thema Nummer 10

Lecker gebräunte Haut und „Superkrusten"

Während das scharfe Anbraten auf dem Herd bei normal großen Bratenstücken vom Rind, Lamm, Kalb usw. für diese Art von Braten eine gute geschmackliche Grundlage bildet und keine weitere Bräunung erforderlich ist, wird bei Geflügel und sehr großen Bratenstücken die NT-Garung mit einem Anbrat-Schritt (z. B. bei 130°C) im Backofen eingeleitet. Nach dem Ende der mehrstündigen NT-Garung in ihrem Backofen wird der Gesamt-Prozess mit einem abschließenden Bräunungsschritt zur Vollendung gebracht. Dies geschieht wie folgt:

- Nehmen Sie das NT-gegarte Bratengut vorübergehend aus dem Ofen
- Heizen Sie Ihren Ofen auf 220°C (Heißluft) gut vor
- Geben Sie (z. B.) Ihre NT gegarte Weihnachtsgans für 10-15 min in den Ofen. Hier ist die Verwendung eines Gitterrostes mit darunter eingeschobenem Tropfblech sinnvoll. (Siehe auch Test Nr. 7, S. 68)

Eine **besondere Alleinstellung** nehmen der **Krustenbraten** und die **Schweinshaxe** ein:

Nach der NT-Garung sind deren Schwarten weich und „schwabbelig“ aufgequollen. Diese schwammige Konsistenz ist eine einzigartige Basis für das Entstehen einer extrem blasigen und spröden „Superkruste“ von einer Qualität, die mit konventionellen Brat- und Grillenmethoden nicht erreichbar ist. In vielen spezialisierten Restaurants haben sich diese Krustenbraten und Schweinshaxen zum absoluten Verkaufsschlager entwickelt.

Wie das Ganze auf einfache Weise erreicht wird, lesen Sie in (Test Nr. 1, S. 48 und Test Nr. 2, S. 53).

Thema Nummer 11
Intensivierung des produkttypischen Geschmacks

Die lange Verweilzeit der Bratenstücke oder sonstigen Fleischzubereitungen wie zum Beispiel Rinderrouladen führt zu einer intensiven Geschmacksverstärkung insbesondere dann, wenn das Fleisch mit den Aromen von Würz-Materialien wie zum Beispiel Senf, Speck, eingelegten Gurken etc. direkten Kontakt kommt.

Um bei dem Beispiel der Rinderrouladen zu bleiben, lässt sich folgendes feststellen: Im nach der NT-Garung fertigen Endprodukt haben sich die Aromen der Würz-Materialien mit dem typischen Rindfleischgeschmack zu einem hervorragenden intensiven „Gesamt-Geschmack" optimiert.

Ein ähnlich intensives geschmackliches Phänomen werden Sie mit gefüllten Paprika erleben, sofern die Füllung aus Hackfleisch besteht. (Siehe auch Test Nr. 4 und 5)

Thema Nummer 12

Zarte Steaks nur von bester Rohware

Die Qualität von Kurzbratstücken hängt weit gehend davon ab, dass die Rohware bereits im Kühlhaus gut durchgereift ist. Sie können ein wenig abgehangenes zähes Rumpsteak nicht mit wenigen Minuten Anbraten und anschließender NT-Garung (von z. B. 20 bis 30 Min bei 80°C) zart werden lassen, da für die oben erwähnte Schnellreifung viel zu wenig Zeit zur Verfügung steht. Diese kurze Zeitspanne ist jedoch grundsätzlich sinnvoll, um das in der Pfanne angebratene Steak ruhen und entspannen zu lassen.

Steaks sollten vom Metzger möglichst nicht dünner als 2,5 cm und nur von bester Rohware geschnitten werden.

Für Kurzbratstücke von Kalb, Lamm und Schwein sollten Sie ebenfalls auf gute Rohwarenqualität achten, wenn Sie nur wenig Zeit zum Nachreifen zur Verfügung haben.

Kurzbratstücke von Hähnchen, Truthahn, Ente usw. sollten im Hinblick auf die sichere Abtötung von Salmonellen grundsätzlich nur durchgebraten werden. Dasselbe gilt für kurz gebratenes Fleisch vom Wild. (Siehe auch Thema Nummer 3, S. 23)

Maschinell verarbeitetes Fleisch wie Hackfleisch oder auch Brät muss **zwingend durchgebraten** werden.

Thema Nummer 13

Ein paar Worte zum Energieverbrauch

Häufig wird die Frage gestellt, ob der Verbrauch an elektrischer Energie während einer mehrstündigen NT-Garung nicht grundsätzlich höher liegt als beim „normalen" Braten bei höheren Temperaturen. Dazu ist folgendes zu sagen:
Um ein rohes Bratenstück von einer Kerntemperatur von ca. 7°C auf 72°C zu bringen, wird eine ganz bestimmte Wärmemenge (gemessen in Kilokalorien bzw. Kilowattstunden) benötigt. Beim „normalen" Braten im „hohen" Temperaturbereich von 150-200°C wird erheblich mehr Wärmeenergie in dem Garraum hineingepumpt, als das Bratenstück aufnehmen kann. Der Wärmeüberschuss wird im allgemeinen durch die Gebläsekühlung im Außenmantel des Backofens als Verlustenergie an Ihren Küchenraum abgegeben.

In der NT-Garung muss dieselbe Wärmemenge, dieses Mal jedoch über viele Stunden, im kleinsten Portionen in das Bratenstück hinein gebracht werden, um dieses von ca. 7°C auf 72°C zu erwärmen. Dabei wird die gesamte Wärmeenergie fast verlustfrei vom Bratenstück aufgenommen und nicht an den Küchenraum abgegeben. In der Haltephase wird noch weniger Energie verbraucht um die erreichte Kerntemperatur zu halten.

Aufgrund der Erfahrungen in großen Profiküchen kann davon ausgegangen werden, dass beide Garmethoden in etwa den gleichen Energiebedarf haben. Die NT-Garung bringt also keine Ersparnis aber auch keinen Mehrverbrauch an elektrischer Energie mit sich.

Thema Nummer 14

Die praktische Umsetzung der NT-Garung in Ihrer Küche anhand von Beispielen aus unserer Küche

Die nachfolgend dokumentierten Beispiele sind alle in unserer Haushaltsküche entstanden und wurden bis auf wenige Ausnahmen über Nacht NT-gegart sowie jeweils in der Haltephase auf NT-Temperatur gehalten. Daraus folgt, dass jedes Produkt mindestens 10-12 Stunden in unserem modernen Backofen bei 80 bis 85°C (Roastbeef bei 65 bis 70°C) verweilt hat, und zwar unabhängig von seiner Größe bzw. seinem Gewicht.

Dabei hat sich die Erfahrung aus den Profiküchen auch im Privathaushalt bestätigt, dass die sehr langen Verweilzeiten sich nicht negativ auf die Qualität der NT-gegarten Braten und Schöpf-Gerichte (wie z. B. Rindergulasch) auswirken.

Von Fall zu Fall schwitzen die unterschiedlichen Produkte in dieser Zeit minimale – und damit vernachlässigbare – Fleischsaftanteile aus und vergrößern somit die geringen Mengen an hoch konzentriertem Braten-Fond, der als Grundlage für die jeweilige schmackhafte Sauce benötigt wird.

Für Sie, liebe Leserin und Leser, ergibt sich hinsichtlich der individuellen Garzeitenfrage die erste Arbeit- und Stresssparende Erkenntnis wie folgt:

Es ist nicht nötig, für jedes Rohprodukt und dessen jeweiliges Gewicht eine individuelle NT-Garzeit zu ermitteln und in der Praxis auch zu überwachen. Der großzügige Umgang mit der NT-Garzeit bzw. NT-Haltezeit bringt ihnen echte Entspannung.

Mit dieser Vereinfachung wird die Zubereitung Ihrer Fleisch- und Geflügelgerichte über Nacht in Topqualität zum Kinderspiel während Sie beruhigt schlafen.

Doch nun geht´s los:

Test Nummer 1

Der Krustenbraten mit der unübertroffenen Superkruste

Nehmen wir einmal an, Sie kommen nach München und wollen mal so richtig eine gegrillte bayerische Schweinshaxe genießen. Dann sollten Sie eines der renommierten und auf Schweinshaxen spezialisierten Restaurants aufsuchen, wenn Sie eine wirklich knusprige spröde Schwarte genießen wollen. Leider sind in den meisten Fällen die Schweineschwarten weich bis ledrig hart, oft kaum zu beißen. Unter den Haxen-Spezialisten gibt es einige wenige, die Ihre Schweinshaxen in großen Kombi-Dämpfern über Nacht NT-garen und am Folgetag die unübertroffenen Superkrusten produzieren. Diese weithin bekannten Restaurants erfreuen sich an deutlichen Umsatz- und Gewinnsteigerungen seit sie die nächtliche NT Nahrung eingeführt haben.

In Ihrer häuslichen Küche werden Ihnen der Krustenbraten und die Schweinshaxe auf Anhieb gelingen, wenn Sie wie folgt vorgehen:

- Kaufen Sie bei Ihrem Metzger einen Schweinebraten mit natur belassener Schwarte (weder gepökelt noch im Rautenmuster eingeschnitten).
- Bringen Sie in einem hinreichend großen Kochtopf normales Leitungswasser zum Kochen und geben Sie Ihr Bratenstück ungewürzt für 10-15 min in das siedende Wasser.

- Gießen Sie das Wasser ab und lassen Sie das angegarte Bratenstück etwas abkühlen.
- Schneiden Sie mit einem sehr scharfen spitzen Messer (am besten eignet sich ein Teppichmesser) die vom Ankochen weiche Schwarte im Schachbrettmuster ca. 1 cm tief ein. Wichtig ist dabei, dass das Schachbrettmuster so angelegt wird, wie Sie später den Krustenbraten aufschneiden wollen. (Bild 03)

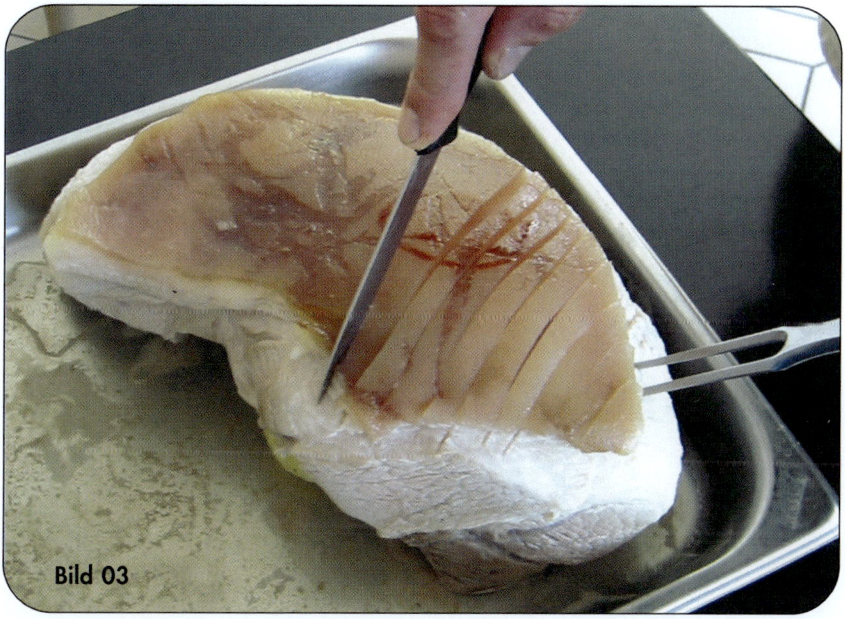

Bild 03

- Anschließend würzen Sie sämtliche Oberflächen Ihres Bratenstücks mit Ausnahme der Schwarte (!) mit Salz, Pfeffer und/oder geeigneten Gewürzen Ihrer Wahl.
- Ihr Backofen sollte inzwischen auf 80° bis 85° und vorgeheizt sein.

- Legen Sie das Bratenstück in einen passenden Behälter (Bräter, Kochtopf oder ofenfeste Auflaufform) und platzieren Sie diesen auf dem Gitterrost.

Wichtig:
Bitte das Bratenstück nicht direkt auf den Gitterrost mit darunter liegendem Auffangblech legen, weil das Fleisch mit dem sich langsam bildenden Bratsaft in direktem Kontakt bleiben soll. Auf diese Weise wird der produkttypische Geschmack des hoch konzentrierten Bratsafts deutlich optimiert.

- Nehmen Sie den Braten nach erfolgter NT-Nachtgarung heraus und heizen Sie Ihren leeren Backofen auf 220°C (Heißluft/Umluft) für ca. 10-15 min gut vor. Für die optimale Krustenbildung ist die hohe Temperatur besonders wichtig.
- Würzen Sie die in der Nacht aufgequollene weiche Schwarte kräftig mit Salz und Pfeffer.
- Geben Sie anschließend den Braten in seinem Bräter liegend in Ihren Backofen und beobachten Sie (durch die Sichtscheibe, so vorhanden) nach ca. 5 min, was jetzt mit der Schwarte geschieht: In der hohen Temperatur verwandeln sich die weichen Schwarten-Karos in einer Art „Popcorn-Effekt“ schlagartig in besonders spröde und blasige „Superkruste“. (Bilder 04 und 05)

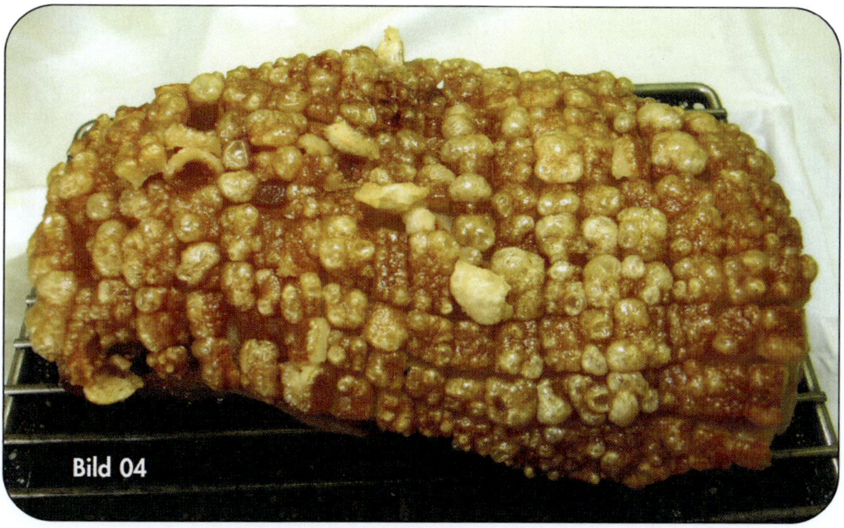

Bild 04

Bild 05

Dieser Vorgang dauert meist nicht länger als 5-7 min. Dann ist meist die gesamte Schwartenfläche in spröde und blasige Superkruste umgewandelt. Die Konsistenz der Schwartenteile ist ähnlich der Konsistenz von Schweineschwarten-Chips, sie zerbröseln beim Kauen ohne Probleme und sind daher auch bei Senioren sehr beliebt.

Während der 10 bzw. maximal 15 min bei 220°C wird Ihr Krustenbraten insgesamt gut gebräunt.

- Nehmen Sie den fertigen Braten aus dem Backofen und lassen ihn offen stehen und etwas abkühlen. Anschließend können Sie den Braten bei einer Halte-Temperatur von 70°C bis zum Verzehr beim Mittagessen heiß halten.
- Es besteht auch die Möglichkeit den Braten komplett abkühlen zu lassen und ihn dann in Scheiben zu schneiden und im Kühlschrank zu lagern. Die blasige Kruste nimmt keine Feuchtigkeit mehr auf, weder in der Kühlung noch beim eventuellen erneuten Erhitzen, z. B. in der Bratpfanne.

Anmerkung:

Diese Superkruste ist – wie schon früher erwähnt – mit herkömmlichen Brat- oder Grillverfahren nicht herstellbar.

Test Nummer 2

Die Schweinshaxe mit der Superkruste

Die Reihenfolge der Vorbereitung und Durchführung der Nachtgarung sowie die Erzeugung der Superkruste ist identisch mit der für den Krustenbraten.

Die fertige Schweinshaxe zeichnet sich noch durch ein anderes sehr wichtiges Merkmal aus: das Fleisch unter der knusprigen Schwarte ist besonders zart und saftig und löst sich vor allem ganz leicht und sauber vom Knochen. Man kann den Knochen fast rückstandsfrei aus dem zarten Fleisch heraus ziehen. (Bild 06)

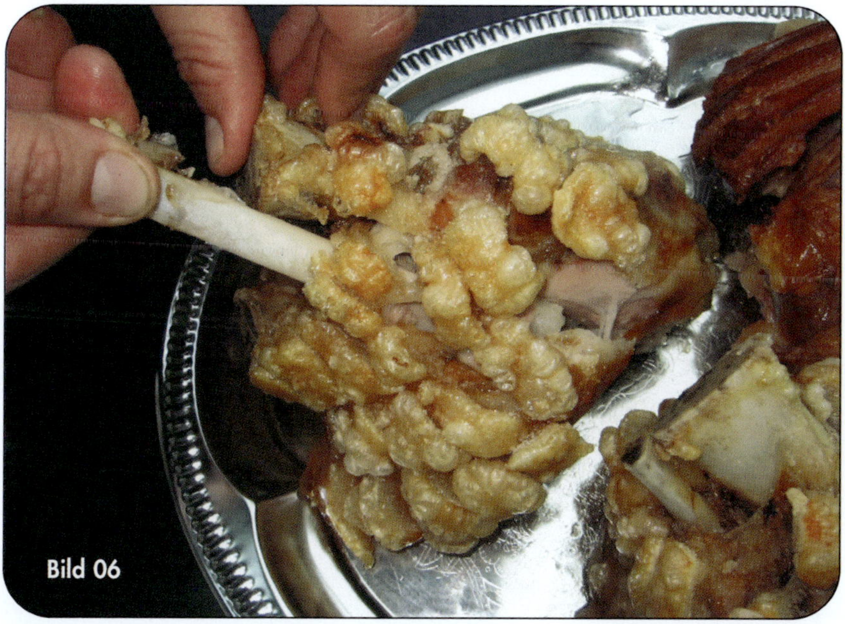

Bild 06

Eine Beobachtung am Rande:

Lassen Sie Ihren fertigen Krustenbraten niemals unbewacht in der Küche stehen. Die Erfahrung hat gezeigt, dass weder die Kinder (noch die meisten Erwachsenen) am Krustenbraten vorbei gehen können, ohne ein Stückchen der verführerischen Superkruste abzuzupfen...

Test Nummer 3

Aus einem mach zwei: je 1/2 Tafelspitz NT-„gebraten" und NT-„gekocht"

Ausgehend von den sehr positiven Erfahrungen mit der Niedertemperatur-Methode beim NT-kochen (im Kombi Dämpfer der Profi-Küche) von Ochsenbrust, Tafelspitz etc. in einer drucklosen Dampfatmosphäre, habe ich den folgenden Versuch gestartet:

Der beim Metzger gekaufte Rinder-Tafelspitz wurde in zwei Hälften geteilt. Während die eine Hälfte leicht gewürzt in der Bratpfanne angebraten wurde, kochte die andere Hälfte in einer milden Gemüsebrühe für 5 min. (Bild 07)

Bild 07

Dann ging es ab in den auf 85° vorgeheizten Backofen. Der „NT-Brat-Tafelspitz" landete in seinem beschichteten Bräter in der oberen Hälfte des Backofens, während der „NT-Koch-

Tafelspitz" im zugedeckten Edelstahlkochtopf in der unteren Hälfte platziert wurde. (Bild 08)

Bild 08

Dann wurde das Duo in die NT-Nachtgarung geschickt. Nach gut 12 Stunden Garzeit erbrachte die Temperaturkontrolle am nächsten Morgen folgendes interessantes Ergebnis: Während der NT-gebratene Tafelspitz eine Kerntemperatur von 70°C erreicht hatte, zeigte die NT-gekochte eine Kerntemperatur von 78°C. Dieser Unter-schied erklärt sich aus der Tatsache, dass durch 85° heisses Wasser mehr Wärme übertragen wird als über 85° heisse trockene Umgebungsluft.

Trotz dieser Temperaturdifferenz waren beide Testkandidaten wunderbar zart und saftig. Während sich beim Brat-Tafelspitz der zu erwartende hoch-konzentrierte Bratensaft gebildet hatte, schwamm der Koch-Tafelspitz in seiner fast klaren Gemüsebrühe, oder besser gesagt Bouillon. Der Begriff Bouillon ist hier zutreffend, weil während der langen Garzeit die typischen Rindfleisch-Aromen in die Brühe übergegangen waren und diese auf das Niveau einer hervorragend schmeckenden Bouillon angehoben hatten.

Das bei diesem Test wichtige Schnittverhalten des NT-gekochten Tafelspitz war besonders überzeugend: die Fleischstruktur war gleichmäßig zart von Rand bis Rand und es gab keinerlei Zerfaserung in den Randzonen (Bild 09) wie man sie häufig bei normal gekochtem Rindfleisch antrifft.

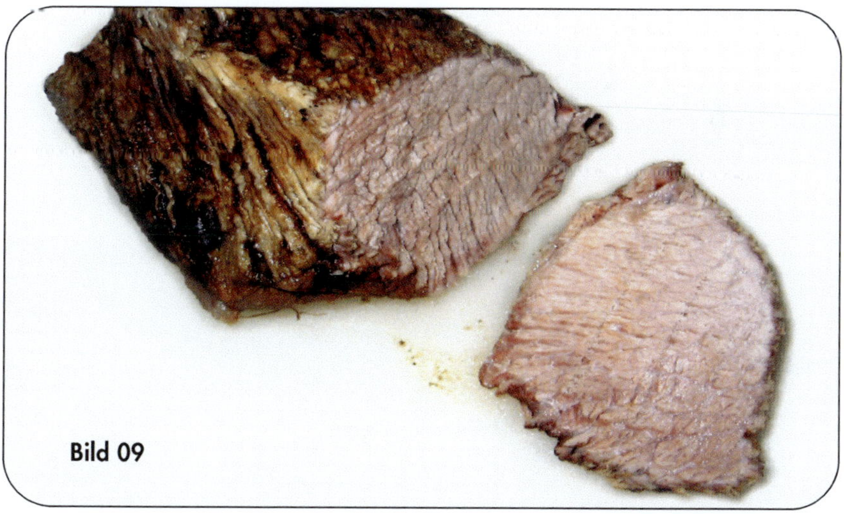

Bild 09

Der NT-gebratene Tafelspitz erhielt noch eine schmackhafte Sauce auf Basis des erwähnten Bratensafts und war somit ein besonders leckerer Rinderbraten geworden. Auch hier wieder eine durchgehend zarte Konsistenz von Rand bis Rand. (Bild 09a)

Bild 09a

Test Nummer 4

Ein besonderes Erlebnis: mit Hackfleisch gefüllte Paprika

Wenn Sie Paprika als Gemüse mögen, sollten Sie sich und Ihre Familie unbedingt einmal die gefüllten Paprika aus der NT-Nachtgarung gönnen.

Bereiten Sie aus gemischtem Hackfleisch Ihre gewohnte Frikadellen-Rohmasse und füllen Sie die rohen ausgehöhlten Paprika jeweils randvoll. Geben Sie die gefüllten Paprika in eine ofenfeste Auflaufschüssel oder Bräter und verschließen Sie die einzelnen Früchte mit Ihren jeweiligen Kappen, die beim anfänglichen Aushöhlen entstanden waren.

Heizen Sie Ihren Backofen auf 150°C (Heißluft) für 10 min vor und stellen Sie dann die Schüssel mit den gefüllten Paprika für die Anbratphase auf den mittleren Rost. Nach 10 min öffnen Sie die Ofenklappe und lassen die Ofentemperatur für ca. 5 min auf geschätzte 80-90°C fallen. Stellen Sie jetzt die Ofentemperatur auf 80°C (Ober- und Unterhitze) und lassen Sie die NT-Nachtgarung beginnen.

Am nächsten Morgen messen Sie bitte die Kern-Temperatur im Hackfleisch. Sie muss in jedem Fall 72°C oder mehr betragen. Sollte dies nicht der Fall sein, erhöhen Sie die Garraum-Temperatur auf 100°C und lassen Sie die Paprika bis zum Erreichen von 72°C weiter garen.

Wichtiger Hinweis:
Für den extrem seltenen Fall, dass die Kerntemperatur während der Nacht nur Werte unter 50°C erreicht haben sollte, müssen Sie Ihre gefüllten Paprika aus hygienischen Sicherheitsgründen entsorgen.

Bild 10a

Bild 10b

Wie schon an anderer Stelle kurz erwähnt erfreuen sich die gefüllten Paprika einer ausgeprägten Geschmacksoptimierung. Wie Sie auf (Bild 10b) erkennen können, hat sich auf dem Boden der Auflaufform eine kleine Menge hoch konzentrierten Bratensafts gebildet, in dem sich Aromen aus dem Saft der Paprika mit den Aromen aus der Hackfleischfüllung hervorragend gemischt haben. Auch die Hackfleischfüllung hat sich zu einem geschmacklichen Hochgenuss entwickelt.

Verwenden Sie den Bratensaft als Grundlage für eine herrliche Sauce.

Test Nummer 5

Rinderrouladen und Schöpfgerichte vom Feinsten

Auch bei Rinderrouladen und Schöpfgerichten wie zum Beispiel Gulasch oder Geschnetzeltem bringt die NT-Garung über Nacht – wie schon erwähnt – neben der Zartheit eine deutliche Geschmacksoptimierung.

Sie können Ihre rohen Rouladen entweder auf dem Herd kurz und scharf anbraten oder die Anbratphase (130°C Heißluft) in Ihrem Backofen vornehmen.

Bevor Sie mit der anschließenden NT-Garung beginnen, sollten Sie eine einfache sog. „Dunkle Grundsauce" kochend heiß angießen, (Bild 11) so dass die Rouladen knapp bedeckt sind. (Grundsaucen gibt es in unterschiedlichen Qualitäten im Handel, falls Sie sich die Arbeit für eine Eigenherstellung sparen wollen.)

Die nicht bedeckten Oberflächen nehmen über Nacht einen dunkleren Farbton an, der geschmacklich keine Bedeutung hat. (Bild 11a)

Bild 11

Bild 11a

Wie schon früher erwähnt gibt es auch hier wieder diese intensive Vermischung von Aromen aus dem Fleisch, Gewürzen, Gurke, Speck etc., wodurch das Innere der Rouladen sowie die Sauce hervorragend schmecken. Rinderrouladen eignen sich auf grund Ihrer Qualität – wie fast alle Produkte aus der NT-Garung – sehr gut zur Produktion auf Vorrat für die Lagerung im Gefrierschrank.

Beim Gulasch (z. B. gemischt von Schwein und Rind) gehen Sie wie folgt vor: Braten Sie die Rohware zusammen mit gehackten Zwiebeln, eventuell Knoblauch bzw. mit Gewürzen Ihrer Wahl in der Bratpfanne scharf an. Für die NT-Nachtgarung geben Sie das angebratene Fleisch in einen geeigneten offenen Behälter und gießen Sie wieder z. B. mit dunkler Grundsauce heiß an. Selbstverständlich können Sie auch Ihre eigene Saucen-Kreation verwenden.

Auch hier werden Sie wieder die bedeutende Verbesserung bei Konsistenz und Geschmack feststellen.

Hinweis:

Geben Sie Ihrem Gulasch für die NT-Garung keine rohen Kartoffeln oder rohe Zwiebeln bei, da sie bei den niedrigen Temperaturen nicht gar werden und zum Gären führen können. Zwiebeln müssen grundsätzlich vor der NT-Garung angebraten werden.

Test Nummer 6

Kalbshaxe – Rinderbraten – Kalbsrollbraten = drei mal Hochgenuss in einer Misch-Beschickung

Das waren insgesamt fast 6 Kilo kaltes Fleisch – teils mit Knochen – in einer Misch Beschickung, mit der unser Backofen echt gefordert wurde. Die Kalbshaxe wurde zusammen mit dem Rollbraten auf einem Backblech platziert, während der Rinderbraten eine Etage tiefer in einem Bräter lag.

Die Anbratphase (130°C Heißluft) im gut vorgeheizten Ofen hatte ich auf 15 min verlängert, weil die Garraum Temperatur nach der Beschickung mit der kalten Ware stark abgesunken war.

Nach der Anbratphase und Abkühlung des Backofens bei geöffneter Klappe ging es in die NT-Nacht garung bei 80°C Garraumtemperatur.

Am nächsten Morgen hatten alle drei Produkte Kerntemperaturen im Bereich von 70 72°C erreicht. Bei der Überprüfung der Konsistenz zeigten – wie erwartet – sowohl der Rinderbraten als auch Kalbsrollbraten und Kalbshaxe die erwartete Zartheit und Saftigkeit.

Bild 12

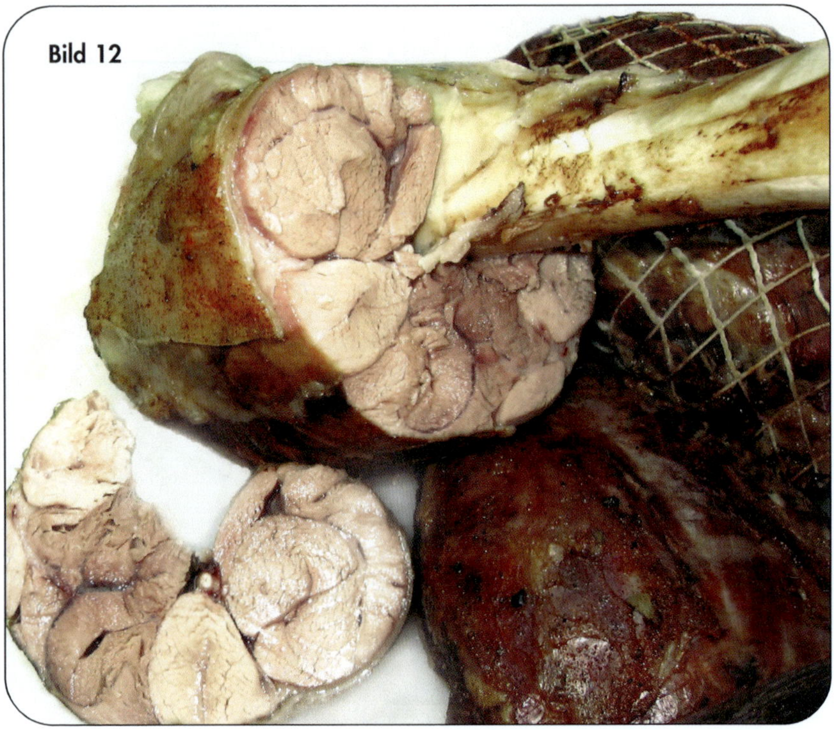

Bei der Kalbshaxe ließen sich die mit Knorpelgewebe durchsetzten, besonders zarten Fleischpartien mühelos und sauber vom Knochen lösen. Das beim herkömmlichen Braten häufig feste Knorpelgewebe hatte sich quasi in fast flüssige Gelatine verwandelt. (Bild 12) Auch beim Rinderbraten (sog. „falsches Filet“) war die typische große durchlaufende Sehne fast aufgelöst. (Bild 13)

Der Einfachheit halber wurde aus den Bratensaft-Konzentraten aller drei Braten eine einheitliche sehr leckere Sauce in ausreichender Menge produziert. Während wir das Haxenfleisch noch am selben Tag zum Abendessen genießen konnten, ging der Kalbsrollbraten in Scheiben geschnitten in die Kühllagerung. Der Rinderbraten wurde ebenfalls in Scheiben geschnitten und mit der Soße eingefroren.

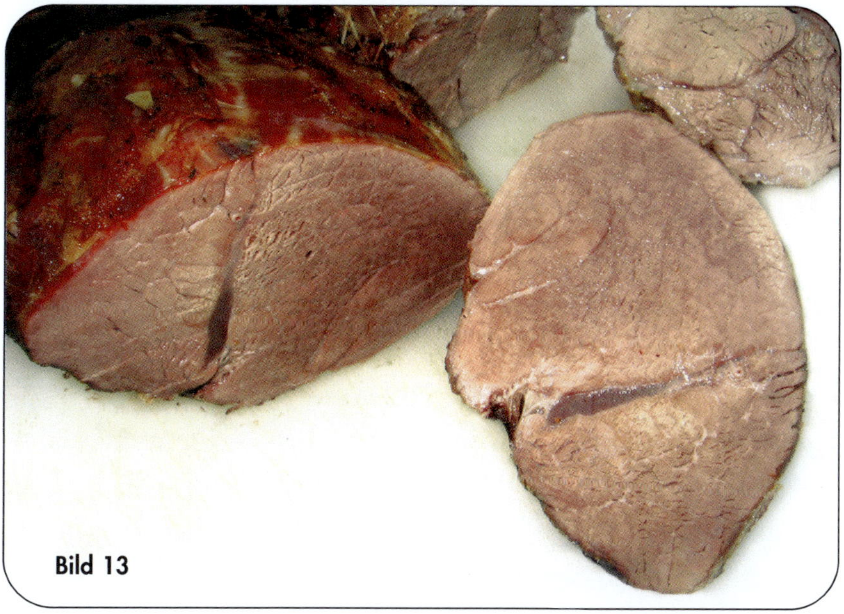

Bild 13

Test Nummer 7

Die „Nacht-Gans" – macht kaum Arbeit und ist ein echter Hochgenuss

(Dasselbe gilt für die „NT-Ente")

Sie kennen sicherlich recht gut die mehrstündige Überwachungs Arbeit, wenn Sie Ihre Weihnachtsgans auf herkömmliche Weise mit hohen Temperaturen braten: u. a. gehört das regelmäßige Begießen bzw. Bepinseln und das eventuelle abdecken mit Alu Folie zu den etwas nervigen Tätigkeiten, bei denen man sich zu allem Überfluss auch noch die Hände verbrennen kann. All das ist Vergangenheit, wenn Sie Ihre Weihnachtsgans mithilfe der NT-Garung über Nacht – ohne eingreifen zu müssen – quasi automatisch – zart garen lassen.

Hierzu ein paar ergänzende Hinweise:

- Stechen Sie die Haut an verschiedenen Stellen im Bereich der Keulenansätze sowie im Brustbereich mit einer Rouladennadel ein, damit das Fett während der langen Bratzeit gut „ausschwitzen" kann
- Würzen Sie die gewaschene und getrocknete Gans außen und innen mit Pfeffer und Salz
- Heizen Sie Ihren Backofen auf 150°C (Heißluft) gut vor
- Legen Sie die Gans mit dem Rücken auf den Gitterrost

Unter dem Gitterrost platzieren Sie ein geeignetes tiefes Backblech zum Auffangen des abtropfenden Gänsefetts

- Führen Sie die Nadel Ihres Braten-Thermometers in das Brustfleisch ein, jedoch ohne die Spitze den Knochen berühren zu lassen
- Belassen die Gans in der 150°C-heißen Anbratphase für 10 bis15 min
- Lassen Sie anschließend den Ofen bei offener Klappe auf ca. 80-90°C abkühlen
- Stellen Sie die NT-Temperatur auf 85°C ein (Ober-u. Unterhitze) und schließen Sie die Klappe wieder
- Sie können nun beruhigt schlafen während Ihre Weihnachtsgans innerhalb der nächsten 10-12 h zu butterzarter Konsistenz heranreift
- Prüfen Sie im Laufe des nächsten Morgens die Kerntemperatur. Sie muss, da es sich um Geflügel handelt, in jedem Fall 72°C betragen (bei Bedarf bitte noch nachgaren mit 120°C, Heißluft)
- Nehmen Sie die Gans samt Gitterrost – gefolgt von der Fettwanne – vorsichtig aus Ihrem Backofen
- Gießen Sie das ausgeschwitzte Gänsefett und Bratensaft vorsichtig ab in einen Behälter, in dem beides abkühlen und später leichter getrennt werden kann.

Anmerkung:

Das Fett hat eine besonders reine Qualität, da es während der langen Garzeit im NT-Bereich nicht über ca. 80°C erhitzt wurde und keine verbrannten Partikel enthält. Außerdem hat es nicht die inneren Ofenwandungen voll gespritzt (= Reinigungsarbeit gespart), was besonders erfreulich ist.

- Heizen Sie jetzt Ihren Ofen auf 220°C (Heißluft) für die nachfolgende Bräunungsphase gut vor.
- Geben Sie die Gans auf dem Gitterrost sowie die Fettpfanne wieder für 10-15 min in den Ofen.

Hinweise:

- Die aus der NT-Garung über Nacht so gut wie nicht gebräunte Haut (Bild 14) erhält während der 10-15-minütigen heißen Bräunungsphase ohne weitere Behandlung eine herrliche goldbraune Farbe. (Bild 15)

Bild 14

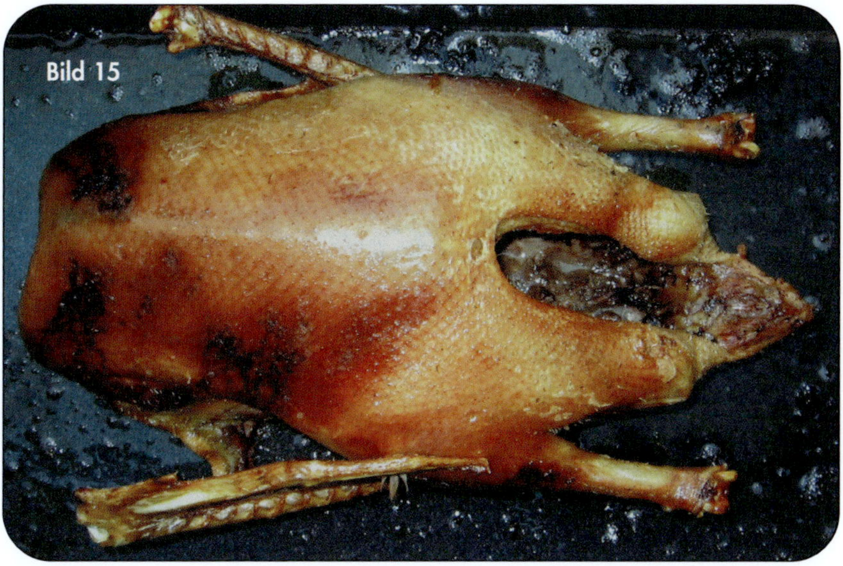

Wie Sie auf den Fotos erkennen können, ist die Konsistenz des Gänsefleisches so zart, dass Sie es mühelos von der Karkasse tranchieren können. (Bild 16) Alle Gelenke sind derart locker, dass Sie zum Beispiel die Keulenknochen sauber heraus drehen können. (Bild 17)

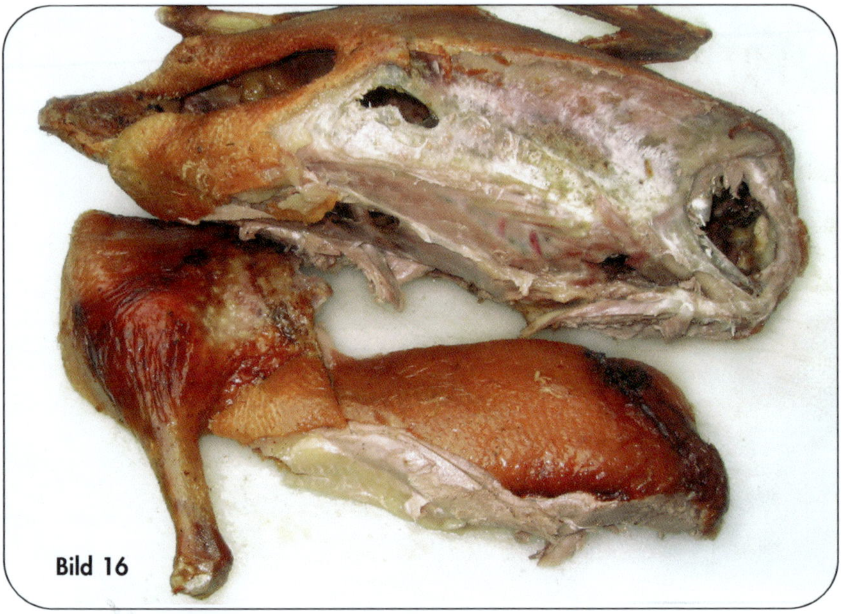

Bild 16

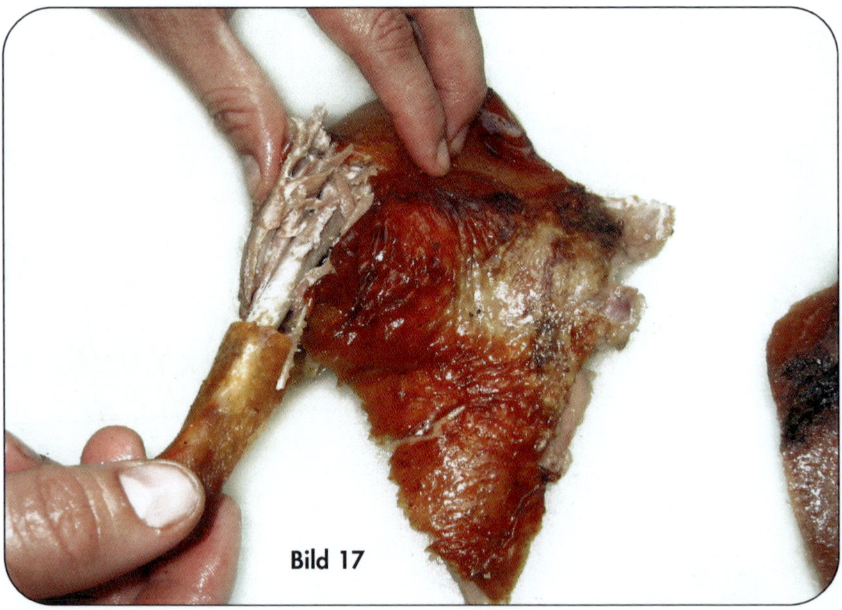

Bild 17

- Falls Sie es vorziehen, vor der Bräunungsphase die Gänsehaut mit zuckerhaltigen Zutaten zu bepinseln, dann achten Sie besonders darauf, dass die Haut nicht vorschnell zu dunkel wird.
- Wie schon früher erwähnt lassen sich NT-gegarte Produkte bis zum Verzehr problemlos im Ofen bei 65-70°C heiß halten. Auch ist es ohne merkliche Qualitätsverluste möglich z. B. portionsgerechte Tranchen in der Kühlung aufzubewahren und im Ofen bei 180°C (Heißluft) wieder zu erwärmen.
- Bei Füllungen mit pflanzlichen Produkten sind Sie frei in der Auswahl und Zusammensetzung der Rezepturen. Falls Sie jedoch Hackfleisch für die Füllung verwenden wollen, empfiehlt es sich aus hygienischen Gründen, das Hackfleisch in vorher durchgebratenem Zustand zu verarbeiten.

Test Nummer 8

Die „Nacht-Pute" – die delikate fettarme Alternative zum Gänsebraten

Grundsätzlich läuft die NT-Nachtgarung der Pute in derselben Reihenfolge ab wie bei der Gans.

Zusätzlich sollten Sie jedoch folgendes beachten:

- Da die Pute vergleichsweise sehr mager ist, stechen Sie die Haut bitte nicht an, damit das Fleisch nicht unnötig austrocknet
- Größere Puten mit mehr als 5 kg Gewicht benötigen in jedem Fall 10-12 Stunden NT-Garzeit, insbesondere dann, wenn sie gefüllt sind. Falls am folgenden Morgen die 72°C Kerntemperatur noch nicht erreicht sein sollten, erhöhen Sie die Garraum-Temperatur bitte auf 100-120°C und setzen Sie die Garung fort
- Vor Beginn der Bräunungsphase empfiehlt es sich, die Putenhaut mit Butter gut einzupinseln.

Test Nummer 9

Auch „NT-Putenbrust" – heiß oder kalt – kommt sehr gut an

In den meisten Supermärkten werden unter anderem viele unterschiedliche Kurzbratstücke aus der Putenbrust – naturbelassen oder fertig mariniert – in Vakuumverpackung angeboten. Panierte Putenschnitzel gehören auch dazu. Steigende Umsätze mit diesen Produkten untermauern diesen Trend.

Wenn Sie zur Abwechslung Putenbrust am Stück, gegebenenfalls eine ganze Putenbrust zubereiten wollen, gehen Sie am besten zu Ihrem Metzger, bei dem Sie u. U. auch Putenbrust aus biologischer Produktion bekommen können.

Je nach Größe braten Sie die Putenbrust mit Pfeffer und Salz (ggf. auch Knoblauch) leicht gewürzte Putenbrust entweder in der Pfanne oder bereits im Backofen (130°C Heißluft) – wie schon beschrieben – rundherum an.

Anschließend geht es in die NT-Nachtgarung bei 85°C Garraumtemperatur. Am nächsten Morgen sollte die Putenbrust als Geflügelprodukt die salmonellensichere Kerntemperatur von 72°C aufweisen. Eine spezielle Bräunungsphase wird hier nicht gebraucht, denn sie würde das magere Brustfleisch unnötig austrocknen.

Aus der während der Nacht entstandenen geringen Menge an konzentriertem Bratensaft und zugekauftem Geflügelfond lässt sich eine schmackhafte helle Soße zubereiten. Die fertig gegarte Putenbrust ist – wie bei NT üblich – von Rand bis Rand zart und saftig und lässt sich auch warm wunderbar in Scheiben schneiden. (Bild 18)

Da die Fleischfasern der Putenbrust besonders im gekühlten fertigen Zustand sehr gut in Kollagen eingebunden sind, lassen sich mit einem scharfen Messer oder besser noch mit einer guten Aufschnittmaschine auch sehr dünne (3 mm) Scheiben sauber schneiden, ohne dass sie zerfallen. (Bild 19)

Bild 19

Bild 18

Test Nummer 10

NT-Roastbeef – besser geht's einfach nicht

Zurück an den Anfang dieses Büchleins: Dort hatte ich erwähnt, dass die amerikanische Gastronomie seit vielen Jahren mit Hilfe des sog. „Cook&Hold" Verfahrens hauptsächlich edelstes Roastbeef mit Niedertemperatur in speziellen NT-Öfen produziert.

Das Roastbeef wird ganz besonders zart, weil die Zielkerntemperatur von 54°C bis maximal 58°C während der Reifephase und Haltezeit im Bereich der sog. Schnellreifung verbleibt. (Siehe Thema Nummer 1) Je länger es sich in der NT-Garung befindet, desto zarter wird die Konsistenz Ihres Roastbeefs.

Einen interessanten Vergleich zwischen herkömmlich, d. h. bei hohen Temperaturen im Backofen gebratenem und NT-gegarten Roastbeef sehen Sie auf dem Foto (Bild 20):

Das bei hohen Temperaturen gebratene Roastbeef zeigt im Schnittbild deutlich den herkömmlichen ca. 3 cm dicken grauen Außenrand, der keinerlei Schnellreifung erfahren hat und relativ hart und trocken ist. Das Schnittbild des unteren über Nacht NT-gegarten Roastbeefs hingegen weist lediglich einen 2-3 mm dicken Außenrand auf. Dieser hat seinen Ursprung in der Anbratphase. Ansonsten ist der komplette Querschnitt des Roastbeefs einheitlich rosa durchgereift, saftig und zergeht auf der Zunge.

Auch hier sind Sie beim Rohwareneinkauf nicht unbedingt auf besonders gut abgehangenes Fleisch angewiesen und können weniger abgehangene Rohware günstiger einkaufen.

Hinweise zur NT-Nachtgarung Ihres ersten NT-Roastbeefs:
Je nach Größe braten Sie das mit Pfeffer und Salz (ggf. auch Knoblauch) gewürzte Roastbeef entweder in der Pfanne oder bereits im Backofen (130°C Heißluft) – wie schon beschrieben – rundherum an.

Zwischenzeitlich heizen Sie Ihren Backofen auf 65°C (Ober- und Unterhitze) vor und platzieren die Rohware in einem offenen Bräter oder Backblech auf mittlerer Einschubhöhe. Kontrollieren Sie die Kerntemperatur mit einem Bratenthermometer am nächsten Morgen. Sie sollte im Bereich von ca. 55-58°C liegen.

Machen Sie gegebenenfalls einen Probeschnitt, um zu prüfen, ob der jeweils erreichte Gar-Zustand Ihrer Vorstellung entspricht. Falls Ihnen das Roastbeef noch zu blutig ist, garen

Sie es mit einer erhöhten Ofentemperatur (70°C) noch einige Zeit weiter, bis die Kerntemperatur um weitere 5°C angestiegen ist. Sie werden feststellen, dass Ihr Roastbeef noch bei 60° Kerntemperatur einen gleichmäßig rosa-farbigen Querschnitt aufweist. (Für Roastbeef-Fanatiker wäre ein mit hohen Temperaturen herkömmlich gebratenes Roastbeef bei 60°C bereits „durch").

Übrigens:
Falls Sie Ihr Roastbeef tatsächlich „durch" – also nicht mehr rosé – haben wollen, dann lassen Sie es bei 85°C bis auf eine Kerntemperatur von ca. 70°C weiter garen. Es wird dann immer noch ein sehr zarter Genuss sein.

P. S. Hier noch ein besonderer Praxistipp:
Sie können Ihr NT-gegartes Roastbeef (Kerntemperatur im Bereich von 50-55°C) in **2,5 cm dicke Steaks** schneiden, gegebenenfalls würzen und für jeweils 2 min pro Seite wunderbar **grillen**. Diese Steaks vom optimal vorgereiften NT-Roastbeef zeichnen sich durch besondere Zartheit und Saftigkeit aus und **gelingen immer**. Diese Methode eignet sich sehr gut zur Vorproduktion und Lagerung in Kühlschrank (bis zu 2-3 Tagen).

Test Nummer 11

NT-Wildgerichte – ein Renner für Liebhaber

Da sich unsere Familie nicht sonderlich für Wildgerichte interessiert, greife ich hier auf die Erfahrungen im Profibereich (Gemeinschaftsverpflegung/Personal-Restaurant) zurück. Verschiedene meiner früheren Kunden haben jeweils im Herbst im Rahmen einer sog. „Wild-Woche" NT-Wildgerichte mit bester Gästeresonanz angeboten.

Dann gab es jeweils an unterschiedlichen Tagen Hirschkeule, Hasenkeulen, Rehbraten und manchmal auch leckeren Elchbraten.

Interessanterweise hat es diese Wildgerichte in den meisten Fällen vor Einführung der NT-Garung noch nicht gegeben. Erst die unvergleichlich zarte Konsistenz der NT-Wildgerichte hat zu dieser hohen Gästeresonanz geführt.

Ein paar Hinweise für die NT-Garung von Wild:

- Verwenden Sie bitte nur wenig abgehangenes Wildfleisch, da sehr stark durchgereifte Rohware in der NT-Reifephase derart intesiv weiter reift, dass das Fleisch förmlich zerfällt.
- Ansonsten gelten die bekannten Regeln für NT-Rinderbraten, Lammkeule etc., d. h. NT-Nachtgarung mit einer Ziel-Kerntemperatur von 72°C – aus hygienischer Sicht eventuelle Nacherhitzung auf 85°C Kerntemperatur

Falls Sie oder Ihre Gäste Liebhaber von Wildgerichten sind, werden Ihnen die NT-Wildgerichte ein echter Hochgenuss sein.

Resümee und Ausblick

In der Hoffnung, dass Sie in Kürze erste positive Erfahrungen mit der NT-Garung sammeln werden, möchte ich dieses Büchlein mit einem kurzen Nutzen-Resümee abschließen:

- Qualität braucht Zeit und niedrige Temperatur, daher Nutzung der Nachtstunden für fast alle Fleisch- und Geflügel-Zubereitungen. Ohne Überwachungsstress und Gefahr von Fehlschlägen.
- Selbstverständlich können Sie die NT-Garung auch am Tage durchführen und – falls Sie in Eile sind – frühestens bei Erreichen der Zielkerntemperatur (Bratenthermometer verwenden!) – unter Verzicht auf die Haltephase den Braten aus dem Ofen nehmen und servieren.
- Ihr NT-Braten wird bei 72°C Kerntemperatur und 80-85°C Garraumtemperatur immer in Top Qualität gelingen – ganz gleich, um welche Fleisch-oder Geflügelsorte es sich handelt.
- Mit NT-Garung hergestellte Braten fast aller Art eignen sich besonders gut zur Lagerung im Kühl-bzw. Tiefkühlbereich. Eine ideale Möglichkeit, ohne Stress auf Vorrat zu kochen.
- Die NT-Garung spritzt nicht und lässt die Wandungen Ihres Backofens sauber – eine sehr willkommene Arbeitserleichterung.
- Für Sie, Ihre Familie und Ihre Gäste wird jede Mahlzeit mit NT-gegarten Fleisch-und Geflügelzubereitungen zu einem echten Hochgenuss!

In der nahen Zukunft werden Sie in eigener Regie sicherlich auch weitere Fleisch und Geflügelprodukte mithilfe der NT-Garung perfekt zubereiten.

Ich denke hier zum Beispiel an Lammkeule, Rinderfilet, Osso buco… und – nicht zu vergessen – Gänsekeulen (preisgünstige TK-Ware aus dem Supermarkt gelingt bestens).

Auf den Punkt gebracht heißt das:
Es macht einfach Spaß, traumhafte Ergebnisse quasi im Schlaf entstehen zu lassen!

Viel Erfolg!

Notizen

Notizen

Notizen

21873892R00051

Printed in Poland
by Amazon Fulfillment
Poland Sp. z o.o., Wrocław